INFLUENCE DU CUIVRE

SUR LA SANTÉ DES OUVRIERS EN BRONZE

COMMUNICATION

A LA

SOCIÉTÉ DU BON-ACCORD

(CISELEURS, MONTEURS, TOURNEURS)

EN SON ASSEMBLÉE DU 29 JUILLET 1869

SOUS LA PRÉSIDENCE DE

M. VICTOR PAILLARD

Officier de la Légion d'honneur

Par le Docteur DEROCHE

PARIS

ÉDOUARD BLOT, IMPRIMEUR

7, RUE BLEUE, 7

—

1869

INFLUENCE DU CUIVRE

SUR LA SANTÉ DES OUVRIERS EN BRONZE

COMMUNICATION

A LA

SOCIÉTÉ DU BON-ACCORD

(CISELEURS, MONTEURS, TOURNEURS)

EN SON ASSEMBLÉE DU 29 JUILLET 1869

Messieurs du Bon-Accord,

Les paroles s'envolent, les écrits restent..., avez-vous pensé; et de cette *communication*, sur-le-champ fut votée l'impression, à l'unanimité des voix plus une, pourrait-on dire, la mienne (intérieurement) s'unissant aux vôtres dans mon désir de vous voir y revenir.

Arrêtez-vous surtout au chapitre des précautions, vous y trouverez de bons conseils.

Les considérations qui les précèdent ne sauraient non plus vous être indifférentes : elles touchent à la matière de votre profession, LE CUIVRE, dans ses rapports avec l'hygiène publique et particulièrement avec vos propres santés. Il est vrai que je m'appuie sur certains détails en dehors de votre compétence; mais j'imagine que pour vous, si parfaitement entendus aux choses de la plus brillante industrie, *en forçant le trait et grossissant l'optique*, ils ne perdront rien de leur intérêt.

Aujourd'hui qu'au nom de l'hygiène on vient de signaler au monde des *gandins* les inconvénients de la chaussette *solférino*, il serait, ce me semble, bien temps et non moins avantageux de vous éclairer, Ouvriers du bronze, sur les dangers possibles de votre profession.

Il ne s'agit pas, vous vous en doutez bien, des accidents d'atelier : blessures, brûlures et autres violences communes à tous les corps d'état ; non plus de tourmentes aiguës par le *vert-de-gris* ; je parle uniquement *des effets de la fonte journalière du cuivre dans le creux de vos personnes* : — effets insignifiants dans le principe, mais se développant graduellement en gravité ; effets méconnus jusqu'ici et cependant à mes yeux parfaitement distincts au milieu des souffrances dont je fus témoin dans votre *Société*, depuis une bonne dizaine d'années que j'y suis attaché.

La question, vous le voyez, vaut la peine qu'on s'y arrête : — tous, elle vous intéresse, oui, tous, sans exception : fabricants, chefs d'atelier, simples ouvriers, et vous aussi, les déserteurs de la profession, ne fût-ce qu'en souvenir des poussières de l'apprentissage, dont personne ici, croyez-le bien, ne peut se flatter d'être, à l'intérieur, complétement débarrassé..., et Dieu sait si l'on s'en prive, de ladite poussière, étant apprenti, et plus tard encore, avant d'arriver ouvrier quelque peu précautionné !

Rassurez-vous cependant : si du cuivre on peut souffrir, facilement on peut s'en préserver, et vous verrez comment, une fois aux prises avec l'ennemi, on arrive assez commodément à en triompher.

Remarquez toutefois combien vous êtes privilégiés au milieu de cent autres professions véritablement exposées, par ce seul fait qu'on y manipule des produits comme le cuivre, absolument (ou peu s'en faut) étrangers à la pâte dont nous sommes naturellement pétris.

Comparons :

Le Soufre respiré suffoque, rend poussif ; digéré, il éclate en *poussées* de boutons sur la peau.

Le Phosphore — aux fabriques d'allumettes — ronge les os.

L'Arsenic — dans les papiers peints — lève une lèpre.

Le Mercure — en dorure et étamage de glaces — ébranle les dents, fait trembler.

Le Plomb — celui-ci est bien le plus féroce ! — le Plomb éveille d'atroces coliques, noue les jointures, paralyse, rend fou, épileptique.

Le Zinc donne courbatures, migraines et névralgies.

L'Étain confond ses effets avec ceux du Plomb, dont il se sépare si rarement dans le travail.

De l'Or, de l'Argent, on sait peu de chose, — pour cette raison sans doute qu'en atelier on ne fait guère poussière avec. Bien suffisant à l'état monnayé de rendre quelquefois les doigts crochus !

Le Fer, richesse du sang, ainsi que les composés terreux, calcaires : plâtre, marbre, etc., fond de la pâte humaine, ne présentent aucun inconvénient. Pêle-mêle ils peuvent nous pénétrer sans péril pour la santé.

Quant au Cuivre, voici, d'après mon observation dans le Bon-Accord, comment il se comporterait. (Animons un peu la chose). Le Cuivre me semble singulièrement coloriste dans les tons jaunes, fâcheusement perturbateur des opérations nutritives, et, finalement, affreusement ballonneur du ventre; — le tout, effet de sa *condensation* graduelle au foie.

La possibilité de maladies par le cuivre n'est pourtant pas si invraisemblable qu'on puisse s'en étonner; je m'étonne moi-même qu'on ne les ait pas encore signalées. Cette considération que l'estomac attaque un gros sou ne devrait-elle pas faire réfléchir? — Et combien de pièces de cette monnaie en millièmes, détaillées, n'arrivent-elles pas à se fondre comme neige au soleil, au mordant des acides de la digestion, à ciseler, tourner, monter, bien souvent, hélas! au delà de la soixantaine! Mais non, personne n'y a songé, et jamais on ne s'est inquiété du résultat final de digestions compliquées de poussière de Cuivre.

Il fut pourtant l'objet de beaucoup d'enquêtes; mais, exclusivement préoccupé de savoir si le Cuivre partageait avec le Plomb la fâcheuse propriété de donner la colique (torture si familière aux peintres qu'elle leur doit son surnom : colique de Plomb ou des *peintres*), et n'en trouvant véritablement aucune preuve avérée, chaque fois, — et sans aller plus avant, — on n'hésita pas à conclure à la parfaite *innocuité* du métal suspect.

Le Cuivre, avec sa mauvaise réputation dans l'économie domestique, ne pouvait manquer de voir retomber à sa charge quantité de méfaits de toute autre provenance, ceux du Plomb particulièrement, et de bon nombre d'écarts de régime.

Ainsi, dans les Cornouailles, en Suède, au Stolberg, dans les mines Demidoff et autres grands centres d'exploitation métallurgique; à Rochefort, Durfort, Villedieu-les-Poêles (Manche); à Paris, dans le Marais, partout, en un mot, où le Cuivre se met largement en œuvre, on le vit fréquemment accusé de donner une colique analogue à celle de Plomb; mais, allant au fond des choses, on ne tardait pas à mettre le doigt sur le vrai coupable, habituellement quelque tord-boyaux des cantines ouvrières. Souvent aussi se rencontraient d'anciens ouvriers du Plomb, des *cérusiers* par exemple, forçats libérés (tant est dangereuse la fabrication du *blanc* de Plomb!) en rupture de ban, vers les mines, préférant leurs hasards aux dangers assurés de la céruse, et pas fâchés non plus d'échapper à la surveillance de la Police. Chaque fois le Cuivre sortit innocent de l'accusation.

La chose semblait bien et dûment jugée quand, vers 1846, le Dʳ Blandet, praticien fort répandu dans la fabrication du bronze, — se méprenant bien certainement sur la nature et l'origine de certains états maladifs, — publia une série de faits graves qui semblaient placer le Cuivre à côté du Plomb sous le rapport du danger. A cette époque, la Police ne s'était pas encore mise à la poursuite des sophistications dont le Plomb est l'ingrédient, et rien n'était si facile que de se méprendre. Peut-être les malades des maisons Durenne, Monsel, Canaple, Journeux, Lacarrière, Vigla, Vittoz et autres, cités par le Dʳ Blandet, avaient-ils été victimes de vins adoucis par la *litharge*, de teintures à noircir les cheveux, de boissons quelconques (eau, bière, cidre) sortant de conduits en Plomb. Moi-même, en 1852, je fis connaître à l'Académie de Médecine quantité d'accidents par le Plomb tout à fait imprévus; ainsi, je notai des empoisonnements provenant de la soudure fixant le tube plongeur dans les appareils à eau-de-seltz.

Quelques années plus tard, voulant en finir une bonne fois avec cette colique fantôme, MM. Chevalier et Boys de Loury s'appliquèrent à une nouvelle enquête, on peut dire avec tout le soin que comportent de si graves intérêts, se renseignant près des chefs d'ateliers et des ouvriers, analysant tout, allant même jusqu'à expérimenter sur eux-mêmes; bref, s'entourant de toutes les garanties d'exactitude.

Le plus saillant de leurs recherches fut qu'ils retirèrent du Cuivre de toutes les parties du corps, de l'estomac, des poumons, des reins, du *foie* (je souligne), et même de la profondeur des os. Ils en retirèrent également des cheveux et de la barbe, comme s'il n'était pas visible à distance. Mais, toujours à la recherche de la malheureuse colique et n'en trouvant point trace, encore une fois, ils conclurent en ces termes: « Il n'existe aucun accident attribuable au cuivre. Le métal, soit par lui-même, soit au moment de sa fonte, soit lorsqu'il est réduit en poudre légère, est *inoffensif*; il en est de même lorsqu'il est allié au zinc en telle proportion que ce soit ».

Ces conclusions reçurent depuis une nouvelle confirmation de l'expérience du médecin de la prison des Madelonnettes où se fabriquaient quantité de pièces de serrurerie de Cuivre. Et voilà comment le Cuivre, le premier des métaux acquis à l'industrie (bien avant le Fer), se trouve aujourd'hui des derniers sur l'influence desquels l'hygiène soit fixée.

Telle est l'opinion générale : tous, médecins et hygiénistes — je pourrais nommer ici le Dʳ Noiret qui pratiqua si longtemps avec vous,

— tous sont d'accord pour affirmer dans le Cuivre la plus complète *innocuité*, et, dans les auteurs les plus autorisés, se lit en toutes lettres : *Le travail du Cuivre ne comporte aucun inconvénient.* J'en serais peut-être encore là d'une pareille confiance si la maladie, puis la mort, dans des conditions particulières d'hydropisie, de notre ancien et bien regretté président, M. Eck, ne m'avaient ramené à une plus saine appréciation.

De ce jour, j'ouvris une enquête, et bientôt, de la répétition des mêmes plaintes, de la fréquence des mêmes indispositions, et (tristement je le rappelle) de la succession de plusieurs décès dans des conditions à peu près identiques, il fut pour moi bien difficile de ne pas conclure à une commune influence, celle du Cuivre, dont chacun ici est plus ou moins imprégné : — les analyses de M. Chevalier ne permettent pas d'en douter. D'autre part, M. Chatin, retrouvant dans le foie des cholériques décédés à l'Hôtel-Dieu le Cuivre donné comme médicament quelques instants avant la mort, me présentait pour ainsi dire la clef de la plupart de vos souffrances. Donc, dans le Bronze, qu'on se le dise : *Pour ne pas mordre méchamment aussitôt absorbé, le Cuivre d'atelier n'en est pas moins susceptible de nuire à longue portée.*

Deux mots ici sur les faits accomplis : — Si l'on a souffert du Cuivre avec ignorance de cause, on n'en a pas été pour cela plus mal soigné : — les accidents légers ou graves de cette espèce se confondant en toute similitude avec d'autres faits maladifs bien connus et relevant comme eux du même traitement. En m'élevant aujourd'hui contre le Cuivre, c'est moins pour faire entrevoir des merveilles de guérison qu'en vue de la préservation.

Si l'hygiène semble fermer les yeux sur les effets éloignés du Cuivre, elle les tient, en compensation, tout grands ouverts du côté de ce qu'on pourrait appeler les accidents immédiats, je parle des morsures du vert-de-gris (1). Sur ce point on ne se fait pas faute de recommandations : vert-de-gris des bassines... vert-de-gris dans les cornichons... gare au vert-de-gris!! Tout pour le vert-de-gris de provenance extérieure; rien pour celui susceptible de naître dans l'estomac. Et quantité de braves travailleurs vont se *vert-de-grisant*, comme s'il n'y avait rien de plus avantageux pour leur santé.

Qu'on y veille, à l'abominable vert-de-gris, rien de mieux; et je voudrais qu'on les poursuivît encore plus sévèrement (*ordonnance de police du 28 février* 1853) ces fournisseurs qui nous livrent des comestibles — petits pois, haricots, cornichons, chinois, prunes à l'eau-de-vie — mijo-

---

(1) Ici, vert-de-gris personnifie toute espèce de solution cuivreuse.

tés au sel de cuivre dans l'intention de les parer d'une belle nuance *verte*.

Après tout, qu'avons-nous à craindre avec des aliments de cette trempe? — Pour moi, en fait de danger, je ne vois que les inconvénients d'une bonne, je veux dire d'une forte indigestion, petit drame de la vie privée (*la conspiration de vert-de-gris*), se dénouant constamment à l'avantage du malheureux consommateur.

Dans cette circonstance, il n'y a pas à douter de la présence de l'ennemi, et vivement on se met en garde. Aux manœuvres du traître (crampes, coliques, sueurs froides), véritables manœuvres à l'intérieur celles-là, vite, on en oppose d'autres, — de l'extérieur, celles-ci, — dont la poussée, s'insinuant en sens inverse des boissons qu'une soif ardente accélère dans l'estomac, ne tarde pas à surprendre l'ennemi entre deux eaux... débâcle... et, sauvé, mon Dieu ! En effet, la toile pour la dernière fois retombée, reste à dormir en paix, en attendant le doux moment de ravitailler une place si fâcheusement ravagée.

Pardon du tableau ! Messieurs... Je devais insister pour mieux faire ressortir les effets de la poudre d'atelier. Il ne s'agit plus ici d'une dose accidentelle, mordante, aiguisée ; mais de légères parcelles dont on n'a garde de se défier. Aussi, ni tourmente, ni indigestion libératrice ; en douceur elles se digèrent ; en douceur, on est envahi... et le drame de tout à l'heure (dont on ne garde pas un trop mauvais souvenir) est capable, à la longue, de se dérouler en tragédie, — au milieu des larmes et des regrets.

Entrons dans le mécanisme, nous verrons comment s'opère la chose.

Une fois dans l'estomac, la poussière cuivreuse s'y berce mollement en attendant l'heure du repas. En partie déjà *vert-de-grisée* à l'arrivée des aliments, elle la subit complétement, cette *vert-de-grisation*, dans les acides de la digestion. Pris dans une telle fonte *vert-de-grisante*, les sucs nourriciers se *vert-de-grisent* à leur tour, et c'est en plein *vert-de-grisage* qu'ils sont recueillis par un certain courant, lequel *porte* tout au foie.

Telle est la façon de se diriger pour le Cuivre, ou plutôt de se dissoudre, résultat identique au point de vue de l'entrée en circulation. Circulation indiscutable devant les murs attenants aux grands ateliers de cuivre (ceux du radoubage à Rochefort, par exemple); s'ils verdoient, ces murs, à quelque distance, c'est que fréquemment les ouvriers les arrosent... de leur *vert-de-gris*.

Laissons le Cuivre cheminer au Foie et voyons les premiers effets de pareilles digestions.

Je l'ai dit : Cette digestion s'opère sans secousse. On est jeune, pas trop délicat, et la belle affaire, en vérité, que de douces parcelles délicatement enveloppées de salive, ou bien souvent attendries déjà au centre des aliments. Ressent-on quelque embarras ? un peu de soulèvement ? bah ! carrément, ça se renfonce d'un *gloria*, renforcé, au besoin, de petits verres. On le voit, pas méchant le cuivre à digérer ; le grave, c'est son usage après la digestion. Cet usage, vous le comprendrez tout à l'heure, après avoir analysé une série de faits liés bien certainement à l'influence du Cuivre.

Pour ne rien omettre des inconvénients du Cuivre, notons, en passant, ses effets à l'extérieur.

Pailles dans l'œil — assez fréquentes, échardes aux doigts — communes aussi, pièces s'abattant sur les pieds — pas trop rares ; je ne les compte pas : accidents et maladresses sont de toutes les professions.

A la peau, le Cuivre agit en irritant. On comprend qu'une poudre métallique, tant fine soit-elle, n'ait rien d'adoucissant. Celle de Cuivre puise dans la sueur une double âcreté. Il peut en résulter d'assez vives irritations : j'en ai trouvé d'assez rebelles au cou, au sommet de la poitrine dans les *salières*, derrière les oreilles, dans le conduit auditif, et sur les avant-bras. Quantité de boutons, de rougeurs, n'ont pas d'autre provenance. De ce fait aussi, bon nombre de barbes sont en souffrance. — Plus fort encore (ceci chez un étranger)! j'ai vu de la limaille en croûtes irritantes jusque sur certaine partie sacrifiée dans la circoncision.

Ayant à démêler les effets du Cuivre, je me suis d'abord demandé si dans le nombre ne s'en trouvait pas quelqu'un profitable à la santé dans le sens de la préservation de maladies, — du choléra, par exemple.

Vos archives étaient là pour répondre.

Passant en revue les maladies qui s'y trouvent consignées, je vis bientôt que de toutes celles qui incombent à la pauvre humanité, il y en avait peu qui vous fussent étrangères. Oui, de toutes à peu près, je reconnus quelque léger échantillon ! Le choléra, lui-même, s'y trouve représenté, bien que le Cuivre passe pour le repousser.

Au second jour de l'épidémie 1865, le plus bronzé peut-être de la Société, et partant, celui qu'on pouvait croire le mieux à l'abri, Thierry, fut violemment atteint : évacuations, crampes, refroidissement, extinction de la voix, choléra confirmé. Il n'y manqua que la mort ; heureusement j'eus la chance de le faire revivre, il s'éteignait.

On a déjà prétendu que c'était grâce au Cuivre dont il était imprégné. — Moi, je dis : « Si le Cuivre préserve si bien de la mort, que ne le fait-il de la maladie ? »

D'autre part, avez-vous assez souffert de la cholérine ! La cholérine n'est rien autre, retenez-le bien, que le choléra en herbe à peine poussée, mais pas assez montée pour faire culbuter. Encore une fois, qui peut le plus peut le moins : si le Cuivre préservait du choléra, certainement qu'on n'eût pas tant *couru* de la cholérine dans le BON-ACCORD. Vous aussi, Messieurs, en cherchant bien dans vos souvenirs, ne vous rappelleriez-vous pas quelques victimes dans le bronze ? Pour ne citer que l'atelier Barbedienne, il me semble qu'à la même époque on y fut témoin d'un cas assez foudroyant (un Italien, je crois). J'insiste d'autant plus sur la nullité d'action préservatrice du Cuivre, que j'en sais pas mal ici tout disposés à faire des bravades en temps d'épidémie, sous prétexte qu'ils sont bronzés sur toutes les coutures.

Un bon point maintenant au Cuivre, et vous serez bien surpris d'apprendre que c'est pour son influence dans les maladies de poitrine, — sur la phthisie proprement dite. Revenez donc de votre étonnement : cette poussière qu'on respire (croyez-vous), n'est pas tant que vous l'accusez un prétexte à toux, à crachements de sang, à plaies intérieures dans la gorge ou la poitrine. A juger de nos malades, ce serait justement dans le sens opposé qu'agirait le Cuivre, — en séchant, cicatrisant les ulcérations profondes, ou tout au moins en limitant leur extension. Loin de précipiter les malades, il les retiendrait.

Question préalable : peut-il pénétrer des poussières de Cuivre dans la poitrine ?

— A regarder de près, j'y vois bien des obstacles. Par la bouche, la salive, les dents l'arrêtent au passage ; les dents s'en encroûtent, la salive s'en charge. Ainsi chargée, on la crache, ou bien on l'avale. Avalée (ne pas confondre), ce n'est point dans la respiration qu'elle tombe, mais uniquement dans la digestion. Les bronches, la poitrine n'en sont pas moindrement effleurées ; s'il en était autrement, vous seriez tous enroués.

Du côté du nez, l'accès est encore moins libre. Cette double prise d'air, en son parcours tortu, velu, sinueux, humide, quelquefois bourbeux de tabac, ou rétréci par un rhume de cerveau, me fait l'effet, pour une poussière métallique, d'une traversée par trop embarrassée. Du peu qui s'y engage, bonne part se colle ou s'accroche. On le mouche ou bien on l'arrache de l'arrière-nez, le matin, en levant le cœur. — Pituite souvent, c'est possible ; maladie de poitrine, jamais !

L'influence (heureuse, ai-je dit) du Cuivre dans les maladies de poitrine ressort trois fois probable de notre table de mortalité, de la durée de nos malades, et de l'analogie avec les effets du Plomb.

De nos 66 décès, de 1860 à 1868 inclusivement, 14 se comptent à la charge de la phthisie. En huit ans, 14 ne donnent pas 2 à l'année, et cela sur un personnel en moyenne de 350 à 360, résultat encore loin, — bien loin, — de l'unité pour cent. C'est peu, vraiment, quand on pense que, dans les grandes villes, d'après les relevés statistiques, la phthisie prélève le 6ᵉ ou le 5ᵉ de la population (20 à 25 pour 100), sans compter les cas qui échappent au calcul.

On dira que le BON-ACCORD se recrute de sujets choisis. Il est vrai qu'il n'est pas donné à tous d'y entrer. Mais, de ce dessus du panier du Bronze, combien ont trempé leur enfance dans le confortable des classes aisées, où, malgré tout, la maladie mord à si belles dents? Et, plus âgés, combien vivent en lutte contre les difficultés de l'existence? Combien se privent du nécessaire pour se payer le superflu? En un mot, combien ouvrent toute grande la porte à la maladie?

Si bel homme soit-on, on ne tiendrait pas à respirer à la journée une poussière malfaisante. Ce ne serait plus le centième, mais le tiers ou le quart (25 à 30 pour 100) qui payerait tribut à la maladie, comme on le constate chez les ouvriers dont la poitrine se trouve exposée à des poussières vraiment nuisibles : tels sont les brossiers, plumassiers, aiguiseurs d'armes, tailleurs de grès, de cristaux, etc.

Le temps que durèrent nos malades établit, de plus, que le Cuivre ne leur fut pas si contraire. Excepté Bernard fils et Morisset fils, qui luttèrent encore une bonne année, excepté encore le jeune Branchu, déserteur du Bronze pour le pire des métiers (la gargote), les autres résistèrent comme on en connaît peu d'exemples, travaillant comme au bon temps, se reposant quelques semaines, au dur des saisons ; puis, retravaillant de plus belle, le mauvais temps passé. Somme toute, ils dépassèrent beaucoup la durée moyenne de la vie. Rappelez-vous nos trois derniers décédés : Martigny (39 ans), Duguay (57), Blanc (58). Pour ma part, je les soignais, ces braves garçons, depuis mon entrée à la Société.

Cette propriété antiphthisique, la première fois constatée dans le Cuivre, est depuis longtemps révélée dans le Plomb. Je raisonne donc aussi par analogie. Rien de plus rare que des phthisiques dans les ateliers du Plomb, et la pratique médicale tire un bon parti du *sucre de Saturne* (blanc de Plomb) pour enrayer cette indomptable maladie. Serait-il donc si étonnant que ces deux métaux, presque deux frères dans la nature, opérassent un peu dans le même sens?

Voici une affection par trop rare dans la classe ouvrière pour n'être pas frappé de sa présence parmi vous. Je parle de la Goutte, et de toutes ses tortures.

Nous avons des goutteux, et pas mal : Duvallet, Larrieu, Royer, Dalbergue, Vittement, pour ne citer que les cas types; nous avons encore quantité d'autres endoloris, *goutteux* moins bien caractérisés.

Pas d'effet sans cause, et je voudrais bien connaître celle de cette spécialité de souffrances. Est-ce à dire que l'existence, pour ces messieurs, se soit épanouie douce, oisive et parfumée de grands crus? — Non! ce sont gens d'atelier, et l'on sait combien l'atelier comporte de fatigues, de privations, de *tirage* (1) en un mot, pour qui tient à lutter avec un peu davantage, — pour lui et les siens, — dans le combat de la vie. Leurs grands parents eurent aussi leur part de ce tirage-là : il n'y a donc pas à accuser l'hérédité. Or, je pense à d'autres impotents d'une profession voisine, et je dis : C'est prouvé, le plomb porte aux articulations, et cela plus fort que la vie de bombance, de façon à disloquer les joints : — cherchez parmi les vieux peintres, vous ne serez pas long à le vérifier. Alors serait-il si insensé de supposer que le cuivre participe un peu de cette fâcheuse propriété ? Cette supposition, je ne la crois pas éloignée de la vérité.

Qu'on ne fasse pas un reproche des jours fériés, dimanches et lundis si l'on veut encore. Combien d'autres fêtent toute la semaine et ne souffrent pas de cette façon! Non, ce n'est point de la *quantité* dont il faut tenir compte dans la génération de la goutte, mais de la *qualité* et encore faut-il qu'elle soit *soutenue*. Quelques *extras* dans la classe ouvrière ne peuvent faire appel à cette maladie ; ils la châtieraient plutôt par le *lessivage* qui en découle.

Nous arrivons au fait capital, et c'est ici qu'il va falloir grossir l'optique.

A suivre dans la *Gazette des Tribunaux* les enquêtes relatives aux crimes d'empoisonnement on est frappé de l'importance du Foie comme agent dénonciateur. C'est à lui tout d'abord que s'adressent les experts, ou à sa place, dans la tombe, quand il se trouve consommé par une longue sépulture. Là se retrouve le corps du délit. Une pincée de terre recueillie à cet endroit décida (si j'ai bonne mémoire) de la culpabilité dans l'affaire Lafarge.

Cette propriété du Foie de recéler les poisons tient à son rôle de *filtre* dans le mécanisme du corps.

Des sucs nourriciers extraits des aliments, tout, ou peu s'en faut, se *porte* au Foie. Ils y viennent chercher un dernier degré de purification

---

(1) *Tirage*, mot exact : la destruction dans le sang du principe de la goutte dépendant du *tirage* de l'air dans la poitrine toujours activé par le travail.

des matières impropres ou malsaines dont ils ont pu se charger dans le parcours des voies digestives. Le Foie présente son *filtre*, et la quintessence passe et s'échappe affinée, au grand profit de la restauration. Du résidu, le Foie s'en charge; il l'emmagasine en de petites chambrettes, et quand il veut s'en débarrasser, il fabrique de la *bile* avec. La bile s'épanche à la première occasion, et voilà le *filtre* de tout point approprié.

Tout est pour le mieux jusque-là. Mais qu'il se trouve au résidu des matières impropres à ladite fabrication, du cuivre par exemple ou tout autre métal, le fer excepté! Alors grand embarras ; bien empêché de se nettoyer, le Foie s'encrasse; reçoit-il de nouvelles impuretés, il s'engorge; en arrive-t-il toujours, il finit par s'obstruer. Dès lors le *filtre* filtre mal et le sang incomplétement épuré ne se trouve plus en harmonie avec le maintien de la santé. Le plus heureux, c'est qu'il se décharge en clous, boutons sur la peau, chose assez fréquente parmi vous.

Si nous revenons à notre pâte *vert-de-grisée* que nous avons laissée cheminant au Foie, vous comprenez de suite le résultat de son filtrage, et comment on arrive à s'obérer à filtrer longtemps de cette manière. Les petits ruisseaux font les grandes rivières ; un millième de gramme par jour donne en 25 ou 30 ans un poids assez rond. Justement on pourrait dire d'un vieux bronzier sans précaution qu'il a le foie moulé en creux et surmoulé en relief.

Bon enfant, quoique fabricant de bile, le Foie fait assez bon ménage avec l'intrus. A la longue cependant il finit par protester. Ses plaintes, cent fois vous me les avez reproduites.

Pesanteur, barre à l'estomac; tension, points de côté à droite; quelque chose comme une ceinture trop serrée; ventre légèrement ballonné et parfois fort sensible; juste au-dessus du creux de l'estomac un point douloureux fort gênant pour percer à la *conscience* ; plénitude à jeun; souvent, rapports aigres, brûlants; volontiers on vomirait; ces jours-là l'appétit fait défaut : on se nourrit par habitude, et l'on croit que *ça ne passe pas*. En somme, délicatesse dans la digestion; le moindre *extra* devient offensant. En même temps, éruptions diverses et quels anthrax!!

Ceci n'est encore que la bagatelle de la porte ; aisément on s'allége : un bon vomitif, quelques purgations et tout rentre dans l'ordre. De cette manière on fournit comme tout autre une bonne carrière. Seulement on revêt à la face un reflet particulier jaune-paille, cachet des souffrances du Foie. Je ne parle ni de la barbe, ni des cheveux *vert-de-grisés*, ni des dents au cuivre *sulfurées*. On se reconnaît en même temps une légère disposition à prendre du ventre. En tout cela il y a des degrés, et comme toujours des exceptions.

A force, à force d'être agacé, le Foie tout à coup arrive à se fâcher et cela tout rouge : — il s'enflamme avec jaunisse (Thomas, Chevrot, et autres de teinte moins accusée); il s'enflamme encore en éveillant des tranchées dont Chéreau, Pineau, Patry, Bouquet Victor, et tout récemment Goujon Charles peuvent donner des nouvelles.

Montons toujours dans la gravité. Le Foie, las de recevoir et de ne pas parvenir à se débarrasser, s'engorge et *reste engorgé*. Le ventre se ballonne, distendu par un épanchement d'eau pouvant gagner les jambes. On dirait une hydropisie. Ne vous effrayez pas du mot; le mal est curable, témoin Duvallet, — l'ai-je assez perforé avant d'arriver à le mettre à sec; (*affirmation de Duvallet*)! témoin encore Leroux Eugène qui reprend ses travaux demain (*attestation de Leroux*).

Montons encore : ici nous touchons à l'incurabilité. Cent choses, hélas! étrangères à la maladie peuvent la compliquer : âge, découragement, revers, etc... et puis, nous sommes tous mortels. En vingt ans de pratique, quinze fois je fus témoin d'un pareil dénoûment : quatre fois chez des malades ayant absorbé des substances métalliques, comme peintres ou buveurs d'absinthe (cette boisson par son alcool et souvent par le *vert* de cuivre qui la colore est fort offensante pour le foie).

Les autres, Messieurs, les 11 autres, vous allez les reconnaître à leurs noms alphabétiquement rangés : Charlier-Roland, Eck, Espanet, Fouchet, Lallement, Mancel, Meys, Natalis, Peyrin, Vivier, — tous secrétaires ou pensionnaires du Bon-Accord! Peyrin, le plus jeune (35 ans), était à ce point obéré qu'il ne trouvait plus de vêtements assez larges pour sa circonférence.

Sur 66 décès (dont une douzaine au moins en province, c'est-à-dire loin de mon appréciation), en compter onze d'une maladie assez rare, voilà, Messieurs, une bien triste matière à réflexions. C'est plus que coïncidence; évidemment il y a relation de cause à effet, et cette cause à mes yeux n'est pas autre que la *condensation au Foie de la poussière d'atelier*.

Comment s'en garantir?

Les précautions relèvent entièrement de l'initiative de chacun. L'atelier en lui-même ne saurait être accusé. Il y a toujours portes et fenêtres et l'on peut toujours activer la ventilation à un moment donné. En exigeant cette ventilation en même temps qu'un suffisant arrosage qui fixât la poussière au sol, on diminuerait les risques des apprentis chargés du *ménage* de l'atelier. Une autre réforme en leur faveur serait de leur interdire l'établi comme table à manger. Ils y posent leur pain, des fruits humides, et mordent à belles dents en pleine limaille de cuivre. Un peu de surveillance sur la tenue des apprentis! le Foie garde tout et les poussières de l'apprentissage peuvent parfaitement un beau jour mordre le fabricant, au milieu de sa prospérité.

Il est également imprudent d'user de l'atelier comme d'une cuisine. Les aliments qu'on y prépare, les repas en famille, sont nécessairement assaisonnés de cuivre. — Supposez une salade dans le voisinage d'un passeur au papier! Des précautions, des précautions!.. les petits enfants ont bien le temps de se bronzer intérieurement.

Le seul cuivre à craindre, à mes yeux, est celui qu'on avale. Il se digère et vous savez son aboutissant. Tout pesé, je ne pense pas qu'on en absorbe tant à l'atelier; la majeure partie proviendrait à mon avis des poussières dont on se couvre en travaillant. On ne sort guère de l'atelier sans être plus ou moins poudré dans les cheveux, la barbe, les sourcils; sous les ongles et à l'entour; dans les rides de la peau et fortement sur les vêtements,— sans compter celui qui adhère aux dents. A moins d'un nettoyage minutieux, il y a gros à parier qu'il en entrera dans la digestion. Défiez-vous du cuivre au porteur, c'est le plus dangereux! Qu'on évite surtout de transporter des provisions de bouche dans les poches des vêtements de travail !

Bien qu'à l'atelier il y ait de la poussière pour tous, certains cependant, par la spécialité de leur travail, sont plus exposés. Ainsi le monteur avec son habitude de porter le foret à la bouche ; les ciseleurs figuristes et ornemanistes par l'usage fréquent du *rifloir* et du papier de verre; le tourneur passant au papier à la volée du tour ; ceux du *poncé* de l'optique, des instruments de précision, partout où le *fini* de l'ouvrage exige qu'on soufle dessus.

Au moment où l'ouvrier va *s'ennuager* il pourrait, ce me semble, suffisamment se préserver à l'aide d'une simple *gaze* placée en cravate devant la bouche et le nez. Moyen bien simple! mais si efficace que, grâce à lui, on est arrivé à diminuer des deux tiers la mortalité des appointeurs d'aiguilles à Aix-la-Chapelle, ouvriers fort exposés en raison du mélange acier-silex.

Une fois bronzé intérieurement, ne pourrait-on se précautionner en prévision des événements possibles ?

— Parfaitement; je veux dire, d'une façon *sûre, commode,* et *agréable* en même temps.

Sûre : rien de plus assuré qu'en se purgeant de temps en temps d'une façon soutenue pendant quelques jours; — sans secousse ni interruption de travail,— on s'assure contre l'engorgement du Foie. Le purgatif répété agace le Foie, le fait pleurer. Pleurer, pour le Foie c'est verser de la bile. La bile en s'écoulant peut entraîner bien des parcelles offensantes. Faites-vous donc de la bile (au propre), Messieurs, et purgez-vous après. Manger gras serait, dit-on, le moyen d'activer cette fabrication; donc, forcez le beurre dans les aliments la veille des purgations.

J'ai dit *commode* : Est-il rien de moins embarrassant qu'une seule pilule, une légère poudre, un simple verre d'un laxatif quelconque (on a le choix)? Ça se prend au réveil, on se lève, on déjeune, on se rend à l'ouvrage, c'est à peine si dix minutes de plus on est dérangé.

Enfin pour prouver que la chose peut se passer sans trop de déplaisir, sachez qu'il existe une méthode supérieurement *débarrassante*, basée sur l'usage presque exclusif pendant deux ou trois semaines de certains fruits, le raisin de préférence.

Dans plusieurs vignobles, on a fondé des établissements où ce régime (appelé *cure*) est méthodiquement dirigé. Il s'y opère de véritables résurrections. Rien de plus agréable, tout se passe au grand air, et la feuille de vigne ne peut faire tort à la satisfaction.

Mais à la campagne la *cure* n'a qu'un temps, tandis qu'à Paris on trouve du raisin une grande partie de l'année. Aussi j'insiste : la quantité à consommer varie entre un et trois kilos chaque jour et à doses fractionnées.

La cure aux raisins a pour effet de déterminer sur les entrailles et les voies urinaires de douces et plus fréquentes évacuations. Une telle liberté sans trop de relâchement vous amène infailliblement à l'affranchissement de la *matière peccante*. De cette façon se dépouille le vieil homme, et si l'on a le bonheur en même temps de le restaurer d'aliments frais, sains, presque vivants (à peine cuits), nul doute qu'à fonctionner de la sorte une fois l'an, on s'affirme solide et bien portant jusque dans la plus extrême vieillesse.

Je conclus sur la santé, — le fond de santé, — du Bon-Accord :

Tempéraments d'attaque et de résistance, — bien que pour beaucoup il y ait médiocre apparence. On y souffre comme partout, et je crois qu'on y lutte contre le mal avec plus de succès que nulle part. Seulement, en raison de la spécialité du travail, on s'y crée une spécialité de souffrances dont le cuivre est le *génie*. Génie malfaisant à jeter à la porte : le moyen, messieurs, ne le cherchez pas ailleurs que dans l'hygiène, la vie de famille, et, permettez-moi d'y joindre, la confiance en votre docteur.

RAPPORT

RELATIF A UNE PROPOSITION DU BUREAU

DE LA

SOCIÉTÉ DU BON-ACCORD

AYANT POUR BUT

DE CHANGER L'ARTICLE 6 DU RÈGLEMENT POUR L'ADMISSION

DES NOUVEAUX CANDIDATS

EN RAISON DE LA NOUVELLE ORGANISATION DE L'ARMÉE

LU A L'ASSEMBLÉE GÉNÉRALE DE JUILLET 1869

Par Monsieur **CHERET**

SON VICE-PRÉSIDENT

RAPPORT

LU

A L'ASSEMBLÉE GÉNÉRALE

De Juillet 1869

Messieurs,

Depuis la promulgation de la loi qui a institué une garde nationale mobile en France, l'organisation du service militaire s'est trouvée disposée tout différemment de ce qu'elle était précédemment.

Votre comité, vivement préoccupé de l'influence que ce changement devra exercer sur notre Société mutuelle, a cru devoir consacrer plusieurs séances à l'examen préliminaire de cette question, qui pourrait être, on peut presque le dire, une question de vie ou de mort pour notre Société.

En effet, pour elle, la vie, c'est le recrutement, c'est, sinon un accroissement progressif du personnel, mais tout au moins un renouvellement régulier et continuel; il faut que des jeunes gens viennent prendre la place de ceux des membres que la mort lui enlève, autrement notre Société dégénérerait en tontine, et qui pourrait, dès lors, assurer que sa décadence ne précéderait pas l'extinction de tous ses membres ?

Cependant nos statuts ne tolèrent la réception de nouveaux sociétaires que de l'âge de vingt à trente ans, et pas au delà, avec la condition expresse qu'ils devront tous être définitivement libérés du service militaire. Ce maximum d'âge, trente ans, a été fixé d'après le calcul fait qu'il faut verser pendant quarante années un fond de réserve évalué à douze francs par année pour parfaire le capital nécessaire à la pension de chacun, qui est acquise de droit à soixante-cinq ans; aussi, à cet effet, les candidats admis entre vingt-cinq et trente ans sont tributaires de un franc pour chaque mois qu'ils ont en plus de vingt-cinq ans.

Depuis la nouvelle loi, tous les jeunes gens valides et capables de porter les armes, que le tirage au sort, le rachat ou des cas d'exemption ont dispensés du service actif, font partie de la garde nationale mobile, et sont susceptibles d'être appelés sous les drapeaux en cas de guerre et pendant l'espace de cinq années, c'est-à-dire jusqu'à l'âge de vingt-six ans : nous ne pourrions donc plus avoir de jeunes candidats ; d'autre part, ceux qui feront partie de l'armée et qui, après cinq années de service actif, seront encore maintenus dans la réserve pendant quatre années, ceux-là ne pourraient jamais espérer faire partie de notre Société ; l'âge les en empêcherait, puisqu'à l'avenir le service militaire ne commencera plus à courir que du 1er juillet de chaque année ; or, la majeure partie des jeunes gens auront vingt et un ans accomplis en commençant leur service, et trente lors de leur libération définitive.

Remarquez bien qu'il faut avoir vingt ans accomplis au 31 décembre pour être inscrit pour le tirage de l'année suivante ; donc un jeune homme qui sera né le 2 janvier 1850, ne sera pas inscrit pour le tirage de 1870, mais seulement pour celui de 1871 ; il aura donc, au 1er juillet 1871, vingt et un ans et demi, le jour que son service commencera à courir, et trente ans et demi le jour de sa libération.

Votre administration a dû dès lors se poser cette question difficile à résoudre.

L'article 6 du règlement, qui prescrit de n'admettre comme candidats que des jeunes gens entièrement et définitivement libérés du service militaire, demeurera-t-il en vigueur, et continuera-t-on à s'y conformer rigoureusement sur ce point, ou doit-on chercher à le modifier, afin de pouvoir admettre, pour faire partie de la Société du Bon-Accord, les jeunes gens exemptés, mais faisant partie de la garde nationale mobile, et les militaires ayant terminé leurs cinq années de service actif, mais appartenant encore à la réserve ?

Ces jeunes gens se trouvent dans ces deux cas dépendants de l'armée, bien que les premiers semblent être considérés comme appartenant toujours au civil, et que les autres comme y étant rentrés, et qu'ils aient de par la loi conservé ou recouvré les uns et les autres leur liberté et tous leurs droits, comme de prendre des établissements, se marier, ou voyager à leur gré, etc., etc.

En présence de cette alternative, nous avons dû en inscrivant dernièrement cinq nouveaux candidats, leur faire part des réserves que nous entendons garder, jusqu'à ce que l'assemblée ait pris ses résolutions à cet égard.

La réponse affirmative ou négative, *oui* ou *non*, a paru également difficile à votre comité en raison des dangers prévus dans l'un et l'autre cas, pour les intérêts de la Société.

Si nous continuons à refuser d'admettre tous ceux qui ne seront pas définitivement libérés, ainsi que le prescrit le règlement, nous devons ne plus compter sur le recrutement : d'abord, tous ceux qui auront fait partie de l'armée auront ou passé l'âge de 30 ans, ou en seront si près qu'ils n'auront pas le temps de se mettre en mesure d'entrer dans notre Société : leur âge sera un obstacle insurmontable ; puis ensuite, combien peu pourrons-nous en espérer parmi ceux qui n'auront été que gardes nationaux mobiles ?

Pourquoi cette crainte, dira-t-on, puisqu'alors ces jeunes gens n'auront que vingt-cinq à vingt-six ans ?

Pourquoi ? En voici toujours un motif :

Il ne faut pas nous le dissimuler, tous les jeunes ouvriers n'ont pas malheureusement un désir très-prononcé de faire partie des sociétés de secours mutuels ; ce sont des idées de prévoyance qui n'arrivent qu'en avançant en âge, et ne s'accordent qu'avec une conduite rangée et régulière ; elles n'ont d'influence, parmi les jeunes gens, que sur ceux qui sont pour ainsi dire l'élite de la classe ouvrière, de ceux-là qui ont su, par leur travail et leur économie, satisfaire à tous leurs besoins, et qui, ayant commencé à faire quelques épargnes, appréhendent qu'un accident, ou une maladie, les détournent de cette voie, et qui comprennent en même temps qu'il est de leur devoir de songer que, lors même qu'aucun malheur ne devrait les atteindre personnellement, ils peuvent par la mutualité contribuer à en préserver leurs confrères.

Eh bien, si le nombre en est relativement restreint, pensez-vous que ces quinze journées d'exercices forcés par année ne vont pas l'amoindrir encore, ne vont pas jeter une perturbation parmi ceux qui sont disposés à prendre des habitudes d'ordre, si indispensables à un ouvrier pour qu'il puisse arriver au pair de ses petites affaires ?

Les exercices se feront, il est vrai, les dimanches, afin de ne pas déranger les ouvriers de leur travail.

C'est tout simple et très-facile à dire, mais il n'en va pas de même dans la pratique.

Ne pas les déranger de leur travail ! Il est bien certain que le dimanche les dérangera moins que si l'on eût choisi le mercredi ou le jeudi ; néanmoins ces quinze jours d'exercices, dans des localités plus ou moins éloignées, seront quinze journées d'extra pour la dépense et pour la fatigue, et tous ceux à qui il n'arrivera pas d'incidents regrettables, seraient trop heureux s'ils pouvaient, au lendemain, reprendre leurs travaux de même que s'ils avaient passé leur dimanche en famille, ou fait une promenade salutaire.

Ne vous y trompez pas, ces quinze journées d'exercices seront une source d'embarras pécuniaires pour les jeunes ouvriers, et les quatre années qui leur resteront pour atteindre trente ans seront rarement suffisantes pour qu'ils aient le temps de se remettre comme on dit à leur affaire, et songer à faire partie de notre Société.

Si au contraire nous modifions le règlement et que nous décidions de recevoir les jeunes gens faisant partie de la mobile et de la réserve, et qu'une guerre survienne, un décret peut nous enlever immédiatement trente ou quarante sociétaires; heureux si, après quelques années de campagne, la moitié de ce nombre peut faire retour à la Société bien valides; par exemple, pour l'autre moitié, nous aurons à payer à leurs familles autant d'allocations de 250 francs qu'il y aura eu de décès, ou aux membres eux-mêmes survivants, mais infirmes ou malades, des pensions temporaires de 150 francs, après qu'ils auront épuisé les deux trimestres de secours s'élevant à 500 francs, et lesdits sociétaires n'auraient cotisé à la Société qu'une, deux ou trois années, 30, 60 ou 90 francs.

Il n'était pas facile de sortir de ce dilemme à deux tranchants, et nous n'étions pas dans un médiocre embarras, lorsqu'une idée lumineuse est venue, je l'espère, nous en sortir.

L'État, nous sommes-nous dit, doit indemniser tous ceux qui se trouvent être blessés à son service, de même qu'il doit des soins et des secours à tous ceux qui y ont gagné des maladies; nous aimons à penser qu'il s'acquitte religieusement et généreusement de ce devoir; la Société peut donc admettre dans son sein tous les candidats de vingt à trente ans, qu'ils soient de la mobile ou de la réserve, en se déchargeant, sans injustice et sans scrupule, de tous secours pécuniaires à leur égard pour tous les accidents résultant du service militaire.

Ces réflexions nous ont amenés à en faire l'objet d'une proposition, que le comité m'a chargé de formuler aujourd'hui à votre assemblée, pour qu'elle ait à statuer sur ce sujet à la première réunion, en janvier 1869, et de recommander à chacun de vous, Messieurs, de se bien pénétrer de l'importance de cette décision, afin de vous en préoccuper sérieusement, pour être en mesure d'apporter à la discussion des arguments judicieux qui nous permettent de donner un vote susceptible de satisfaire les intérêts de tous.

Voici cette proposition.

Le texte en sera affiché au bureau de recette pendant les six mois qui vont précéder la discussion de cette proposition.

« Seront admis tous candidats qui auront justifié avoir satisfait à la loi du recrutement, bien que faisant partie de la garde mobile, et tous ceux ayant terminé leurs cinq années de service dans l'armée active, bien que demeurant classés dans la réserve.

« Si un décret appelait ces jeunes gens sous les drapeaux, ils seront exemptés de toutes cotisations et de toutes charges, tout le temps qu'ils y resteront ; mais aussi et réciproquement, ils demeureront suspendus de tous droits aux secours et à la pension, et en cas de décès, leur famille n'aura droit à aucune allocation.

« Si par suite de blessures ou de maladies provenant de leur service militaire, et pour lesquelles il ne leur sera dû aucun secours, ils se trouvaient, après avoir repris rang dans la Société, dans l'impossibilité de continuer à payer leurs cotisations, ils en feraient la déclaration au bureau, et il leur sera remis, en se retirant de la Société, les deux tiers des sommes qu'ils y auraient versées depuis leur réception. »

J'ajouterai, en terminant, que, vu l'importance de cette proposition, je demande à l'assemblée d'autoriser l'impression de ce Rapport, pour être distribué à tous les Sociétaires.

En voici la raison :

Beaucoup de Sociétaires ne connaîtraient pas même cette proposition.

Il ne suffit pas, pour que tous en aient connaissance, de la mesure d'en avoir donné lecture aujourd'hui, et de l'exposer pendant six mois au bureau de recettes; beaucoup de membres sont absents à l'assemblée de ce jour, et au bureau de recette, la plupart y envoient leurs apprentis; ceux mêmes qui y viennent, ou ne voient pas les propositions ou n'ont pas la facilité de les lire; il est donc urgent que ce travail leur soit communiqué, afin qu'ils se fassent un devoir d'assister à la discussion et au vote de cet article.

CHERET,

VICE-PRÉSIDENT ET RAPPORTEUR.

www.ingramcontent.com/pod-product-compliance
Lightning Source LLC
Chambersburg PA
CBHW070538050426
42451CB00013B/3063